南京高等职业技术学校
五年制学习领域教学计划

刘俊霞 王 旭 主 编
邱海霞 谢 兵 副主编

中国建筑工业出版社

图书在版编目(CIP)数据

南京高等职业技术学校五年制学习领域教学计划/刘俊霞,王旭主编. —北京:中国建筑工业出版社,2011.7
ISBN 978-7-112-13413-7

Ⅰ.①南… Ⅱ.①刘… ②王… Ⅲ.①高等职业教育-教学计划-南京市 Ⅳ.①G718.5

中国版本图书馆 CIP 数据核字(2011)第 147903 号

本书为南京高等职业技术学校中德合作五年制实验班学习领域教学计划。主要内容包括三个专业的教学计划,分别为建筑工程技术专业、楼宇智能化专业和建筑设备专业。本书可供中、高职院校相关专业教师参考。

* * *

责任编辑:朱首明 李 明
责任设计:董建平
责任校对:陈晶晶 姜小莲

南京高等职业技术学校
五年制学习领域教学计划

刘俊霞 王 旭 主 编
邱海霞 谢 兵 副主编

*

中国建筑工业出版社出版、发行(北京西郊百万庄)
各地新华书店、建筑书店经销
北京红光制版公司制版
北京市密东印刷有限公司印刷

*

开本:787×1092 毫米 1/16 印张:6¼ 字数:152 千字
2011 年 11 月第一版 2011 年 11 月第一次印刷
定价:**15.00 元**
ISBN 978-7-112-13413-7
(21161)

版权所有 翻印必究
如有印装质量问题,可寄本社退换
(邮政编码 100037)

Vorwort

Das Bauprojekt Nanjing ist das erste Projekt der Hanns-Seidel-Stiftung in China. Das Berufsausbildungszentrum (BBZ) wurde im Jahr 1983 gegründet. Hier werden Bauberufe wie Maurerer, Fliesenleger und Zimmerer nach dem deutschen Modell ausgebildet. Für jeden Beruf wurden die beruflichen Fächer Fachtheorie, Fachzeichnen, Fachrechnen und Fachpraxis eingerichtet. Im Jahr 1986 wurde die Facharbeiterausbildung mit der Einführung der Technikerschule für Bautechnik erweitert. Seit 1994 arbeitet das Berufsausbildungszentrum (BBZ) Nanjing mit dem Bauministerium im Bereich des Bildungstransfers und der Lehrerfortbildung zusammen. Dabei erfährt es große Unterstützung durch die Hanns-Seidel-Stiftung.

Mit der Förderung der Hanns-Seidel-Stiftung und der Organisation durch die Abteilung für Berufsausbildung des Bauministeriums stellten die Lehrer des BBZ Nanjing und Kollegen der anderen Berufsschulen der Baubranche gemeinsam die Fachbuchserien: 《Fachtheorie》, 《Fachzeichnen》, 《Fachrechnen》 und 《Fachpraxis》 für den Bauberuf, für Elektroinstallateure und Sanitärinstallateure zusammen.

Seit 2002 wurde der handlungsorientierte Unterricht für Elektroinstallateure und Sanitärinstallateure eingeführt. Über die Hälfte der Absolventen haben die Berufsabschlussprüfung der HWK München und Oberbayern bestanden und die entsprechenden Zertifikate erhalten. Die Abgänger sind bei den Firmen begehrt und geschätzt. Im Jahr 2003 wurde eine Klasse für Bauausführung als Versuchsklasse erfolgreich eingerichtet. Die Arbeitsvermittlungsquote der Abgänger dieser Klasse ist wesentlich besser als diejenige der entsprechenden BA-Klasse.

Durch Vermittlung der Hanns-Seidel-Stiftung kam 2006 eine Kooperation der Firma Bosch-Siemens Haushaltgeräte mit der Berufsakademie Nanjing zustande. Die beiden Einrichtungen bilden gemeinsam exakt nach dem deutschen Dualen System aus. Vor dem Abschluss nehmen die Schüler an der IHK-Prüfung für Facharbeiter teil. Die dabei erfolgreichen Absolventen werden von der Firma eingestellt.

Seit 2007 werden die Erfahrungen der Berufsschule für duale Ausbildung auf die BA Ebene übertragen. Auf der Basis der deutschen Lehrpläne für die Berufsschule, Technikerschule und Meisterschule haben die Lehrer der BA Nanjing Lehrpläne für die fünfjährigen Bildungsgänge Bauausführung, Gebäudetechnik und Anlagemechaniker zusammengestellt. Der Bildungsverband des Bauministeriums organisierte gemeinsame Sitzungen, wo die Lehrpläne mehrfach von Lehrkräften der beteiligten Schulen besprochen wurden. Dabei hatten die von der Hanns-Seidel-Stiftung entsandten Experten, Werner Lehner, Günter Hank und Carlito Schroeder die Möglichkeit, beratend mitzuarbeiten. Die Hanns-Seidel-Stiftung freut sich, die deutschen Erfahrungen und Konzepte in China angewendet zu sehen und hofft auf eine weitere gute Entwicklung des chinesischen Ausbildungssystems und die damit verbundene Förderung der chinesischen Wirtschaft.

Hans Rößler

序

  南京项目是德国汉斯·赛德尔基金会在中国的第一个职业教育援建项目。1983年南京职教中心成立，首先开设了瓦工、瓷砖工和木工专业，按照德国模式培养专业技能型人才。德中双方按照德国职业学校"专业理论"、"专业计算"、"专业制图"和"专业实训"四大模块进行了探索实践，取得了可喜成果。1986年，开始将德国技术员学校的模式引入该校。自1994年起，在汉斯·赛德尔基金会的大力支持下，南京项目试点的经验在中国同类的职业学校进行推广和辐射并分期分批地培训这些学校的管理者和教师。

  在汉斯·赛德尔基金会的资助下，在原中华人民共和国建设部职教处的组织下，由南京项目的专业教师牵头、中国同类职业学校的部分专业教师参与、按德国职业学校的教育模式和中国的实际情况分别编写了建筑专业、电工专业和管道工专业的《专业制图》、《专业理论》、《专业计算》与《专业实训》的系列教材。

  2002年，该校在电工专业与管道工专业引进了"以行动为导向"的德国职业教育模式，获得了成功，毕业前过半数的学生通过了德国IHK（手工业行会学徒结业）考试，受到用工单位的好评与欢迎。2003年又在建筑施工专业中职班进行试点，也获得成功，学生就业情况好于当年的高职班。

  自2006年起，由汉斯·赛德尔基金会牵头，该校与德国博世-西门子家用电器有限公司合作创办了真正的双元制班，由企业和学校联合招生，学生们交替地在学校和企业里接受培训，在毕业前参加德国AHK（海外手工业和工业行会）考试，通过者将获得德国同类职业的从业资格证书，并在该公司就业。

  从2007年起，汉斯·赛德尔基金会与南京项目的决策者决定将德国技术员学校和师傅学校模式在该校五年制高职专业推广。南京高职校教师在德国职业学校、技术员学校和师傅学校的教学计划基础上编写了适合中国五年制高职建筑施工专业、楼宇智能化专业和建筑设备专业的新教学计划。中国建设教育协会也组织了多次会议，对教学计划进行了讨论。此外，德国汉斯·赛德尔基金会历任专家维纳·雷纳先生、君特·汉克先生和卡利托·施罗德先生也提供了很多的指导和帮助。汉斯·赛德尔基金会乐于看到德国的职业教育经验在中国的普及与发展，希望能对中国的职业教育起到推动作用，进一步促进中国经济稳步的发展。

德国汉斯·赛德尔基金会南京项目长期专家　汉斯·凯夫勒

前　言

根据中华人民共和国教育部、原建设部与德国汉斯·赛德尔基金会的合作协议，我校自1982年开始在全国率先进行德国双元制职业教育的学习与实践；1987年开始了德国技术员学校职业教育的学习与实践，建立了建筑专业、电气安装专业和空调通风与制冷专业五年制的技术员学校（即开创了我国高等职业教育的前身）；1997年起，在建设部职教处的组织下，以我校为主体，与全国建筑类职业学校和技工学校的部分专业教师按照德国模式和中国的具体情况分别编写了建筑专业、电气安装专业和管道工安装专业的《专业制图》、《专业理论》、《专业计算》与《专业实训》教材，由德国汉斯·赛德尔基金会资助在中国建筑工业出版社出版。自2002年起，我校举办实验班，又在全国率先进行了德国以行动为导向的职业教育试点；从2006年起，完全引入德国双元制职业培训模式，与德国博世-西门子家用电器有限公司创办了真正的双元制班。由企业和学校联合招生，学生们交替地在学校和企业里接受培训，在毕业前参加德国AHK（德国工商行会驻上海代表处）考试，通过者将获得德国同类职业的从业资格证书，并在该公司就业。

近几年，德国不仅在职业学校进行了教育改革，而且在专业学校（即技术员学校和师傅学校）也进行了课程设置和教学方法的改革。为了学好德国的职业教育经验，德国汉斯·赛德尔基金会赠送给我校部分专业的德文原版职业学校教学计划与专业学校教学计划；同时我校自费派遣了部分专业教师到德国的不同类型的学校、跨企业培训中心和德国企业进修学习。

我校双元制协调部组织人员翻译了德国的原版教学计划，刘俊霞翻译了职业学校建筑施工教学计划、职业学校管道工教学计划、专业学校楼宇智能化专业教学计划；杜浙翻译了专业学校建筑专业教学计划、专业学校建筑设备专业教学计划；朱爱武翻译了职业学校楼宇智能化专业教学计划。

在德国同类专业教学计划的基础上，我校王旭担任了《建筑施工专业（五年制高职）教学计划》的主笔，我校邱海霞和浙江建设职业技术学院的刘兵担任了《楼宇智能化专业（五年制高职）教学计划》的主笔，我校的谢兵和郭岩担任了《建筑设备专业（五年制高职）教学计划》的主笔。在中国建设教育协会的支持与组织下，在德国专家的指导下，由我校牵头，四川建筑职业技术学院、浙江建设职业技术学院、北京市城建职业技术学校、广西建筑职业技术学院、山西建筑职业技术学院、陕西建设技术学院等职业院校的部分教师参与了讨论。在我校进行了四年的实践，并完善修订后，完成了本教学计划的制定。

本教学计划的特点是将学习内容分成若干个学习领域，以工作情景中的项目为案例，采用以行动为导向的教学模式进行教学。以粗线条给出教学目的，使教师可以在教学实践中结合本校与本班的特点进行发挥。本教学计划在五年制高职期间分段实施，前三年按德国职业学校模式教学，后两年按德国专业学校教学模式教学；本教学计划保留了学习领域，结合中国国情在校内实训培养学生基本技能为主。各个学校的教师可以结合自己的特点和条件灵活掌握，节选采用，为各个教师留下了发挥的空间。本教学计划特别突出了在项目教学中对学生实践技能的培训，培养学生自主学习的积极性与自学的能力，培养学生独立地或团队合作地解决工程施工中实际问题的能力，培养学生认真负责的工作态度，培养学生注意环保与安全的意识。

在这里我们要感谢德国汉斯·赛德尔基金会对我校一贯的支持与帮助，感谢德国汉斯·赛德尔基金会前任驻校长期专家 Schroeder 先生和现任长期专家 Kaefler 先生对教学计划制定的咨询与建议，感谢建筑施工专业的短期专家 Lehner 和建筑设备专业的短期专家 Hank 先生给予的指导与帮助。在这里，我们要感谢中国建设教育协会对我校的一贯支持与帮助，感谢建设教育协会督导董安徽女士对本教学计划修订工作的大力支持。

由于编者水平有限，本教学计划在制定过程中难免存在谬误，欢迎读者和使用者批评指正。

南京高等职业技术学校校长

目 录

建筑工程技术专业教学计划……………………………………………………… 1

楼宇智能化专业教学计划………………………………………………………… 57

建筑设备专业教学计划…………………………………………………………… 73

建筑工程技术专业
教学计划

建筑工程技术专业教学计划

一、招生对象与学制
招收对象：初中毕业生
学制：5 年

二、培养目标与人才规格
（一）培养目标
面向本专业培养德、智、体、美、劳全面发展，身心健康，与我国现代化建设要求相适应，掌握建筑工程技术专业相应的基本知识、基本技能，并具有能从事本专业实际工作的综合职业能力和全面素质的高素质技能型专门人才。

（二）人才规格
毕业生应具有爱国主义、集体主义和良好的思想道德素养，有强烈的社会责任感、明确的职业理想和良好的职业道德，富有团队精神；遵纪守法，热爱劳动；具有良好的职业心理素质，能够初步具备自谋职业和自主创业的能力。

毕业生应掌握文化基础知识，初步的社会创业知识和专业相关的法律法规知识；具备从事本专业工作的基本能力和基本技能，能应用本专业的知识分析、解决实际问题；具有一定的信息收集与处理能力、跨专业学习能力、专业语言交流能力、计算机应用能力以及团体协作和社会活动能力；具有一定的创新精神和较强的实践能力，能适应职业岗位的变化，能适应科技进步和社会发展的需要。

三、教学方法
实施本大纲所采用的教学方法主要为以行动为导向的教学法。

所谓行动导向教学法是指无论在学习或者在教学上都是以基于工作过程的行动为教学的出发点，并注意以下要点：

— 行动导向教学法首先要创设职业工作中的情境。

— 行动导向教学法要求尽可能由学生自己行动，或者由学生自己在领会或掌握后形成新的学习领域的起点（通过行动学习）。

— 行动导向教学法要求学生尽可能独立地计划、实施、检验，若有可能应自己修正并进行最后的评价。

— 行动导向教学法要求完整地包括职业的真实情况，例如包括涉及本职业技术的、安全技术的、经济的、法律的、生态的、社会的各方面情况。

— 行动导向教学法要求学生必须将所学的知识和技能整合起来，并考虑它们的社会作用。

— 行动导向教学法也应该包括社会行为过程，例如利益的辩护或纠纷的解决。

这表示，在教学计划中应该明确职业学习的完整性，教学组织形式应以小组学习等合作学习为主，构建与培养学生的方法能力和社会能力。这种教学目标应由项目教学和跨课程的教学等创新形式来支撑。

四、知识结构

1. 应具有成为一个合格公民所必需的基本文化知识和法律法规知识。
2. 掌握本专业所必需的基本的实训知识，诸如常见建筑工种的实践知识。
3. 了解建筑施工过程，掌握建筑施工技术及质量标准、安全要求，具有组织施工的能力与知识。
4. 具有人际交往、团队合作、协调人际关系的能力以及较强的环保和节约资源的意识。
5. 具有本专业所必需的运算、识图、制图、计算机应用、实验测试和专业表达的知识和能力，能够借助工具书了解本专业的相关资料。

五、课程设置与教学安排

（一）周课程安排

课程	一	二	三	四	五	六	七	八	九	十
政治	2	2	2	2	0	0	0	0	0	0
语文	2	2	2	2	0	0	2	2	2	2
数学	2	2	2	2	0	0	2	2	2	2
英语	2	2	2	2	0	0	1	1	1	1
体育	2	2	2	2	0	0	1	1	1	1
选修课	0	0	0	0	0	0	4	4	4	8
专业教学	20	20	20	20	0	0	24	24	24	20
合计	30	30	30	30	0	0	34	34	34	34

说明：第五、第六学期、第十学期的后半学期安排下企业进行专业实习。

（二）学期授课时数

课程	一	二	三	四	五	六	七	八	九	十	合计
通修领域	200	200	200	200	0	0	120	120	120	60	1220
选修领域	0	0	0	0	0	0	80	80	80	80	320
专业理论	192	192	192	192	0	0	300	300	300	150	1818
专业实践	208	208	208	208	600	600	180	180	180	390	2962
合计	600	600	600	600	600	600	680	680	680	680	6320

教学计划指南

1 年级（第一学期）

学习领域 1 了解一个施工现场	总课时：	80 节课
	实训操作：	28 节课

教学目的

全面了解一个施工现场的作业准备过程，最终能够简单安排好施工现场；

初步读懂小型项目施工现场的平面图，了解相应的比例、图例；

了解项目管理机构的组成；

掌握并遵守现场劳动、安全、环保、节能要求；

了解常用的建筑材料、工具、机械、半成品、辅助材料的基本性能

教学内容

安全教育；

施工现场平面图；

拆除障碍物；

"三通一平"工作；

测量放线；

临时设施的搭设；

技术资料和资料来源；

施工进度计划；

主要建筑机械的选择；

主要建筑材料的性能；

项目管理人员的配置；

项目管理人员的职责；

施工物资的准备和贮备

教学计划指南

1年级（第一学期）

学习领域 2 基础施工	总课时：	120 节课
	实训操作：	70 节课

教学目的

能够看懂简单的基础图纸，并能够小组合作砌筑一段基础；
能够绘制基础剖面图并能画出基础细部构造，能够确定和计算必要的基础尺寸；
检验工作成果，计算生产成本；
能够应用合适的检测方法，并作相应的记录；
掌握并遵守现场劳动、安全、环保、节能要求；
了解常用的建筑材料、工具、机械、半成品、辅助材料基本性能；
了解并掌握基础的防水施工和部分简单的管道施工

教学内容

土的力学性质；
基坑开挖及降水；
地下管道的铺设；
钢筋混凝土基础的施工；
防水防潮施工；
室外地坪施工；
基础剖面图；
图纸尺寸标注及材料表示；
基础组砌方法；
测量放线；
土壤的检测；
施工成本的计算；
基础质量控制的方法

教学计划指南

1 年级（第一学期）

学习领域 3 砖砌一段直墙	总课时：	120 节课
	实训操作：	70 节课

教学目的

　　能够手工组砌一段直墙，并能看懂简单的墙体图纸；
　　能够绘制墙体剖面图并画出墙体细部构造，能够确定和计算必要的墙体尺寸；
　　能够检验工作成果，计算生产成本；
　　能够应用合适的检测方法，并作相应的记录；
　　掌握并遵守现场劳动、安全、环保、节能要求；
　　了解常用的建筑材料、工具、机械、半成品、辅助材料基本性能

教学内容

　　墙体剖面图；
　　图纸尺寸标注及材料表示；
　　墙体组砌方法；
　　测量放线；
　　砂浆的使用；
　　砂的检测和选择；
　　水泥的检测和选择；
　　石灰的检测和选择；
　　施工成本的计算；
　　墙体质量控制的方法；
　　墙体质量控制的标准；
　　砖和砂浆的用量计算

教学计划指南

1 年级（第一学期）

学习领域 4 干法作业墙体	总课时：	80 节课
	实训操作：	40 节课

教学目的

能够手工施工一段干法作业墙体，并能看懂简单的墙体图纸；

能够绘制墙体剖面图并画出墙体细部构造，能够确定和计算必要的墙体尺寸；

能够检验工作成果，计算生产成本；

能够应用合适的检测方法，并作相应的记录；

掌握并遵守现场劳动、安全、环保、节能要求；

了解常用的建筑材料、工具、机械、半成品、辅助材料基本性能

教学内容

干法作业墙体开洞；

墙体剖面图；

图纸尺寸标注及材料表示；

墙体组砌方法；

测量放线；

石膏板的检测和选择；

专业工具的选择；

施工成本的计算；

墙体质量控制的方法；

墙体质量控制的标准

教学计划指南

1年级（第二学期）

学习领域 4 干法作业墙体	总课时：	40 节课
	实训操作：	28 节课

教学目的

  能够手工施工一段干法作业墙体，并能看懂较复杂的墙体图纸；
  能够绘制墙体剖面图并画出墙体细部构造，能够确定和计算较复杂的墙体尺寸；
  能够检验工作成果，计算生产成本；
  能够应用合适的检测方法，并作相应的记录；
  掌握并遵守现场劳动、安全、环保、节能要求；
  了解常用的建筑材料、工具、机械、半成品、辅助材料基本性能

教学内容

  干法作业墙体开洞；
  墙体剖面图；
  图纸尺寸标注及材料表示；
  墙体组砌方法；
  测量放线；
  石膏板的检测和选择；
  专业工具的选择；
  施工成本的计算；
  墙体质量控制的方法；
  墙体质量控制的标准

教学计划指南

1年级（第二学期）

学习领域 5 浇筑—钢筋混凝土梁	总课时：	120 节课
	实训操作：	60 节课

教学目的

能够分小组浇筑一钢筋混凝土梁，并能看懂简单的钢筋混凝土构件图纸；

能够绘制钢筋混凝土梁平面图和剖面图，能确定和计算必要的钢筋混凝土梁尺寸；

能够检验工作成果，计算生产成本；

能够应用合适的检测方法，并作相应的记录；

掌握并遵守现场劳动、安全、环保、节能要求；

了解常用的建筑材料、工具、机械、半成品、辅助材料基本性能

教学内容

钢筋混凝土梁平面图和剖面图；

图纸尺寸标注及材料表示；

钢筋混凝土梁浇筑方法；

测量放线；

钢筋放样；

模板支设；

石子的检测和选择；

水泥的检测和选择；

砂的检测和选择；

施工成本的计算；

现浇混凝土构件质量控制的方法；

现浇混凝土构件质量控制的标准；

混凝土用量的计算

教学计划指南

1 年级（第二学期）

学习领域 6 浇筑—钢筋混凝土板	总课时：	120 节课
	实训操作：	60 节课

教学目的
能够分小组浇筑—钢筋混凝土板，并能看懂简单的钢筋混凝土构件图纸； 能够绘制钢筋混凝土板平面图和剖面图，能确定和计算必要的钢筋混凝土板尺寸； 能够检验工作成果，计算生产成本； 能够应用合适的检测方法，并作相应的记录； 掌握并遵守现场劳动、安全、环保、节能要求； 了解常用的建筑材料、工具、机械、半成品、辅助材料基本性能

教学内容
钢筋混凝土板的平面图和平法标注； 图纸尺寸标注及材料表示； 钢筋混凝土梁浇筑方法； 测量放线； 钢筋放样； 模板支设； 施工成本的计算； 现浇混凝土构件质量控制的方法； 现浇混凝土构件质量控制的标准； 混凝土用量的计算

教学计划指南

1年级（第二学期）

学习领域 7 浇筑—钢筋混凝土柱	总课时：	**120 节课**
	实训操作：	**60 节课**

教学目的

　　能够分小组浇筑—钢筋混凝土柱，并能看懂简单的钢筋混凝土构件图纸；

　　能够绘制钢筋混凝土柱截面图和框架图，能确定和计算必要的钢筋混凝土柱尺寸；

　　能够检验工作成果，计算生产成本；

　　能够应用合适的检测方法，并作相应的记录；

　　掌握并遵守现场劳动、安全、环保、节能要求；

　　了解常用的建筑材料、工具、机械、半成品、辅助材料基本性能

教学内容

　　钢筋混凝土柱的截面图和框架图；

　　图纸尺寸标注及材料表示；

　　钢筋混凝土柱浇筑方法；

　　测量放线；

　　钢筋放样；

　　模板支设；

　　施工成本的计算；

　　现浇混凝土构件质量控制的方法；

　　现浇混凝土构件质量控制的标准；

　　混凝土用量的计算

教学计划指南

2年级（第三学期）

学习领域 8 浇筑—钢筋混凝土楼梯	总课时：	140 节课
	实训操作：	80 节课

教学目的

能够分小组浇筑一段钢筋混凝土楼梯，并能看懂简单的钢筋混凝土构件图纸；
能够绘制钢筋混凝土楼梯的结构图，能确定和计算必要的钢筋混凝土楼梯尺寸；
能够检验工作成果，计算生产成本；
能够应用合适的检测方法，并作相应的记录；
掌握并遵守现场劳动、安全、环保、节能要求；
了解常用的建筑材料、工具、机械、半成品、辅助材料基本性能

教学内容

钢筋混凝土楼梯的结构图；
图纸尺寸标注及材料表示；
钢筋混凝土楼梯浇筑方法；
测量放线；
钢筋放样；
模板支设；
施工成本的计算；
现浇混凝土构件质量控制的方法；
现浇混凝土构件质量控制的标准；
混凝土用量的计算

教学计划指南

2 年级（第三学期）

学习领域 9 门窗安装	总课时：	140 节课
	实训操作：	80 节课

教学目的

能够分小组安装一樘门窗，并能看懂门窗图纸；
掌握基本木工操作技术；
能确定和计算必要的构件尺寸；
能检验工作成果，计算生产成本；
能够应用合适的检测方法，并作相应的记录；
掌握并遵守现场劳动、安全、环保、节能要求；
了解常用的建筑材料、工具、机械、半成品、辅助材料基本性能

教学内容

门窗施工图；
图纸尺寸标注及材料表示；
木结构连接方法；
测量放线；
锯、刨、钻、凿；
打孔；
木材的检测和选择；
连接；
施工成本的计算；
制作木构件质量控制的方法；
制作木构件质量控制的标准；
木材用量的计算

教学计划指南

2 年级（第三学期）

学习领域 10 制作一钢构件	总课时：	120 节课
	实训操作：	48 节课

教学目的

    能够分小组制作一简单钢构件，并能看懂简单的钢构件图纸；
    能确定和计算必要的钢构件尺寸；
    能够检验工作成果，计算生产成本；
    能够应用合适的检测方法，并作相应的记录；
    掌握并遵守现场劳动、安全、环保、节能要求；
    了解常用的建筑材料、工具、机械、半成品、辅助材料基本性能

教学内容

    钢结构施工图；
    图纸尺寸标注及材料表示；
    钢结构连接方法；
    测量放线；
    焊接；
    切割；
    打孔；
    型钢的检测和选择；
    焊接设备的选择；
    施工成本的计算；
    制作钢构件质量控制的方法；
    制作钢构件质量控制的标准；
    型钢用量的计算

教学计划指南

2 年级（第四学期）

学习领域 11 普通抹灰工程	总课时：	120 节课
	实训操作：	68 节课

教学目的

　　能够独立施工一定量的普通抹灰工程；
　　能确定和计算必要的抹灰工程工程量；
　　能够检验工作成果，计算生产成本；
　　能够应用合适的检测方法，并作相应的记录；
　　掌握并遵守现场劳动、安全、环保、节能要求；
　　了解常用的建筑材料、工具、机械、半成品、辅助材料基本性能

教学内容

　　抹灰工程施工详图；
　　图纸尺寸标注及材料表示；
　　测量放线；
　　分层赶平、修正和表面压光；
　　抹灰砂浆种类制备与选择；
　　水泥的检测和选择；
　　施工成本的计算；
　　抹灰质量控制的方法；
　　抹灰质量控制的标准；
　　材料的用量计算

教学计划指南

2 年级（第四学期）

学习领域 12 平屋顶保温防水施工	总课时：	140 节课
	实训操作：	70 节课

教学目的

　　能够分小组进行屋面防水保温施工，并能看懂简单的屋面图纸；
　　能确定和计算必要的屋面构造尺寸；
　　能够检验工作成果，计算生产成本；
　　能够应用合适的检测方法，并作相应的记录；
　　掌握并遵守现场劳动、安全、环保、节能要求；
　　了解常用的建筑材料、工具、机械、半成品、辅助材料基本性能

教学内容

　　屋面防水保温施工图；
　　防水细部构造；
　　保温细部构造；
　　图纸尺寸标注及材料表示；
　　卷材屋面防水施工；
　　变形缝施工；
　　合成高分子卷材施工；
　　防水材料的检测和选择；
　　施工成本的计算；
　　防水保温材料使用量计算；
　　文件管理

教学计划指南

2 年级（第四学期）

学习领域 13 坡屋顶保温防水施工	总课时：	140 节课
	实训操作：	70 节课

教学目的
 能够分小组进行坡屋面防水保温施工，并能看懂简单的坡屋面图纸；
 能确定和计算必要的坡屋面构造尺寸；
 能够检验工作成果，计算生产成本；
 能够应用合适的检测方法及应用，并作相应的记录；
 掌握并遵守现场劳动、安全、环保、节能要求；
 了解常用的建筑材料、工具、机械、半成品、辅助材料基本性能

教学内容
 坡屋面防水保温施工图；
 防水细部构造；
 保温细部构造；
 图纸尺寸标注及材料表示；
 坡屋面防水施工；
 变形缝施工；
 瓦材；
 防水材料的检测和选择；
 施工成本的计算；
 防水保温材料使用量计算；
 文件管理

教学计划指南

企业管理（管理心理学和组织结构）

4 年级（第七、八学期）

学习领域 1 个人在集体中（团队合作）建筑企业组织结构和分工协作	20 节课
教学目的 　　能以团队合作行动； 　　能提供有关小组的种类、工作分工、组员内部联系和组织结构的信息； 　　能采用社会和职业特征情境中的规则交流讨论；了解在社会环境背景下相互作用影响的规则； 　　能根据行为的影响力和经验作出未来的计划	
教学内容 　　团队（建筑企业组织）的结构； 　　团队形成的过程； 　　团队中的相互影响和交流（团队中的分工和相互影响）； 　　（建议采用角色扮演教学方法）	

教学计划指南

企业管理（管理心理学和组织结构）

4 年级（第七、八学期）

学习领域 2 对员工的激励和领导	60 节课
教学目的 　　能以团队为导向相互激励，培养学生的领导能力； 　　能提供领导行为能力的信息，能分析学生自己的强项和弱项； 　　能分析自己和同事的动机及先进的学习策略； 　　能在学习组织中共同地运用激励和领导计划； 　　能利用企业成熟的合乎时代的策略解决任务； 　　能评价自己的策略有效性和改善他们工作方法的能力	
教学内容 　　企业人事管理的目的； 　　权威的基础； 　　自我组织和时间管理； 　　管理者的任务； 　　矛盾和危机； 　　同事谈话； 　　领导方式； 　　介绍演示技术	

教学计划指南

建筑物理

4 年级（第七、八学期）

学习领域 1 建筑机械设备力学计算	20 节课
教学目的 能以机械吊车为例分析计算其力学过程； 能理解运动过程，根据相应的实验和计算研究力、惯性、转矩以及摩擦力； 掌握功、能、功率和效率的概念，并能以事先给定的示例进行计算； 能将获取的知识转换到其他的建筑机械上	
教学内容 基本量和基本单位； 牛顿定理； 一般的胡克定理； 速度； 加速度； 密度的定义； 杠杆定理； 起重滑轮； 斜面； 能量形式； 能量的转换； 能量守恒定理	

教学计划指南

建筑物理

4 年级（第七、八学期）

学习领域 2 液体压强计算	**20 节课**
教学目的 　　能以行业典型的例子确定和计算液体中压强的传递； 　　能提取液体中压强传递的信息，并将它列入建筑工程中运用的可能中去； 　　能以建筑机械为例，计算液压原理的任务； 　　能将物理规律应用到其他企业的建筑工程设备中	
教学内容 　　原子和分子的运动； 　　表观密度； 　　阿基米德定理； 　　一般的气体定理； 　　大气的压强； 　　吸气泵和压缩泵	

教学计划指南

建筑物理

4 年级（第七、八学期）

学习领域 3 建筑隔热计算	40 节课

教学目的

能进行简单住宅建筑隔热的验证；

能分析建筑隔热的必要性；

能认识热作为能的形式和解释热传递的方式；

能理解热技术和能量的大小，计算隔热和能量利用，及与有关规定比较结果；

能以简单的例子进行建筑隔热的计算，根据热技术资料制订和展示能耗证明材料；

了解中国及欧盟建筑隔热的相关法规

教学内容

生态学；

能源；

比热；

热量；

导热系数；

热桥；

最小保温；

夏天的隔热；

节能规定；

热损失和热获得；

年供热消耗量；

设备消耗系数；

输出能量；

利用能量；

年二次能量消耗

教学计划指南

建筑物理

4 年级（第七、八学期）

学习领域 4 防止结露的危害	**20 节课**
教学目的 　　能设计没有结露的建筑构件； 　　能获取有关典型的水蒸气渗透条件的建筑伤害的信息和认识建筑工程防潮的重要性； 　　能分析潮气渗透时的物理过程； 　　能分辨在建筑材料中潮气吸收和放出的关系以及湿状态； 　　能理解湿技术，能够认识在建筑构件表面和内部露水的形成过程； 　　能解释水蒸气渗透的不同证明曲线，认识结露形成的结构或建筑材料的原因并介绍改善的方法	
教学内容 　　气体状态的变化； 　　绝对湿度和相对湿度； 　　水蒸气的饱和； 　　毛细作用； 　　水蒸气的对流； 　　气密性； 　　不透风性； 　　建筑构件的温度曲线； 　　DIN 4108（《欧盟建筑节能标准》）	

教学计划指南

建筑物理

4 年级（第七、八学期）

学习领域 5 隔声措施和验算	20 节课
教学目的 　　能够进行实心结构简单的隔声技术证明； 　　能解释建筑隔声的重要性和分析物理原理； 　　能根据测量结果和声源的距离计算声压； 　　能将与频率有关的人的听觉与声压评估联系起来，并计算它； 　　能区分建筑物中不同的声音传递的途径； 　　能进行计算并与标准法规比较结果	
教学内容 　　原子和分子的振动是声音的原因； 　　声音频率 f； 　　声波； 　　声速； 　　声压； 　　隔声技术的量； 　　隔绝外部的噪声； 　　建筑构件的隔声； 　　直击侧面的建筑构件； 　　轻质结构	

教学计划指南

建筑材料

4 年级（第七、八学期）

学习领域 1 墙体结构建筑材料的选择	30 节课
教学目的 　能够就一个事先给定的墙体选择合适的建筑材料； 　能获取有关建筑材料的生产、性质和参数； 　能按建筑计划的要求比较建筑材料的性质，对一个结构进行决策和介绍； 　能在评估时考虑到有缺陷制造的产品带来的损害	
教学内容 　天然石； 　人工砖； 　无机胶粘剂； 　砌筑灰浆； 　粉刷灰浆； 　找平层； 　质量监控； 　寿命周期分析； 　生态学； 　建筑产品原则； 　建筑条例表	

教学计划指南

建筑材料

4 年级（第七、八学期）

学习领域 2 混凝土的生产和使用	60 节课
教学目的 　能就一个事先给定的钢筋混凝土构件确定混凝土工艺的要求，并确定混凝土的组成； 　了解相关、技术规定和规程； 　能就一个事先给定的钢筋混凝土构件设计合适的配方，编入混凝土监控等级，并确定必要的质量保障措施； 　能检查提供的混凝土混合物，组织内行浇筑，监控和检验混凝土拌合物和混凝土的性质，确定必要的养护措施； 　能在评估时考虑到有缺陷生产和运用的混凝土带来的危害	
教学内容 　混凝土工艺学； 　混凝土钢筋种类； 　质量监控； 　生态学	

教学计划指南

建筑材料

4 年级（第七、八学期）

学习领域 3 木结构材料的检验和选用	10 节课

教学目的
  能就一个事先给定的结构选择合适的木结构材料；
  能分析生产、性质和参数的信息；
  能按要求比较建筑材料的性质；
  能就相应的建筑材料进行决策，介绍选择和检验替代物；
  能在评估时考虑到选择不当和施工不当带来的危害

教学内容
  木材和木结构材料；
  建筑玻璃；
  绝缘材料；
  质量监控；
  产品寿命分析；
  REACH-法规；
  生态学；
  建筑产品原则；
  建筑条例表

教学计划指南

建筑材料

4 年级（第七、八学期）

学习领域 4 其他建筑材料的检验和选用	**60 节课**
教学目的 　　能就一个事先给定的结构选择合适的建筑材料； 　　能分析各种建筑材料的生产、性质和参数的信息； 　　能按要求比较建筑材料的性质； 　　能就相应的建筑材料进行决策，介绍选择； 　　能认识到有缺陷的选择和施工的危害	
教学内容 　　沥青建材； 　　沥青； 　　表面涂层； 　　瓷砖和建筑陶瓷； 　　铁和钢的产品； 　　建筑用钢； 　　非铁族金属； 　　塑料； 　　绝缘材料； 　　生态学； 　　建筑产品原则； 　　建筑条例表； 　　建筑生物学	

教学计划指南

建筑结构与构造

4 年级（第七、八学期）

学习领域 1 地基与基础	30 节课
教学目的 　　了解土的基本特性及基础的类型； 　　能够根据给出的土的相关性能和建筑工程的基本概况选择基础的类型； 　　能够根据不同的情况进行地基处理	
教学内容 　　土的物理力学性质及工程分类； 　　土中应力计算； 　　地基的变形； 　　土的抗剪强度和地基承载力； 　　边坡稳定及挡土墙； 　　刚性基础； 　　柔性基础； 　　箱形基础； 　　桩基础； 　　地基的处理； 　　基础配筋； 　　地基处理施工案例（建议案例教学）（工作页）（或模拟的项目教学）	

教学计划指南

建筑结构与构造

4 年级（第七、八学期）

学习领域 2 墙体放样	40 节课
教学目的 　了解掌握墙体的作用； 　能进行墙体图纸识读； 　了解墙体细部构造	
教学内容 　墙体的类型； 　墙体的设计要求； 　墙身加固措施； 　隔墙构造； 　砌块墙构造； 　防潮、防水构造； 　墙身构造设计； 　墙体验收规范	

教学计划指南

建筑结构与构造

4 年级（第七、八学期）

学习领域 3 楼板的设计和结构	20 节课
教学目的 　　了解楼板的类型； 　　能进行平法楼板图识读； 　　了解楼板的验收规范	
教学内容 　　楼板的类型； 　　平法楼板图识读； 　　板钢筋构造； 　　单向板计算； 　　双向板计算； 　　模板； 　　验收规范	

教学计划指南

建筑结构与构造

4 年级（第七、八学期）

学习领域 4 楼梯的设计（和构造）	30 节课
教学目的 　　了解楼梯分类； 　　掌握楼梯构造； 　　能进行楼梯设计； 　　能进行细部设计	
教学内容 　　楼梯分类； 　　楼梯构造； 　　楼梯设计； 　　细部设计； 　　结构图纸识读； 　　案例	

教学计划指南

建筑结构与构造

4 年级（第七、八学期）

学习领域 5 屋顶构造	40 节课

教学目的
    掌握屋顶的结构

教学内容
    屋顶构造；
    平屋顶；
    坡屋顶；
    保温、防水；
    结构图识读

教学计划指南

CAD

4 年级（第七、八学期）

学习领域 1 **2D 绘图、3D 绘图**	**80 节课**
教学目的 　　掌握基本 CAD 平面操作命令； 　　能完成一套建筑平面图绘制； 　　掌握基本 CAD 3D 绘图操作命令； 　　能完成一简单建筑 3D 模型绘制	
教学内容 　　CAD 平面操作命令； 　　建筑平面图绘制； 　　建筑 3D 建模	

教学计划指南

建筑法规和建筑规划

4年级（第七、八学期）

学习领域 1 建筑法规的应用	80 节课
教学目的 　　让学生了解常用法规的基本内容； 　　了解建筑规划的基本内容； 　　能根据不同的情况进行案例分析	
教学内容 　　《建筑法》案例； 　　《合同法》案例； 　　《招标投标法》案例； 　　《建筑工程质量管理条例》案例； 　　《建筑工程安全生产管理条例》案例； 　　建筑规划	

教学计划指南

画法几何

4 年级（第七、八学期）

学习领域 1 （平行投影和）立体图的绘制	50 节课
教学目的 　　了解绘图基本知识和绘图工具的使用； 　　了解投影的知识； 　　能进行立体图的绘制	
教学内容 　　绘图基本知识； 　　绘图工具的使用； 　　投影的知识； 　　三视图； 　　立体图； 　　手绘立体图	

教学计划指南

画法几何

4 年级（第七、八学期）

学习领域 2 平面图和地形图的绘制	30 节课
教学目的 　　掌握平面图绘制知识； 　　了解地形图绘制知识； 　　能完成施工总平面图的绘制	
教学内容 　　平面图绘制； 　　平面图识读； 　　地形图知识； 　　地形图绘制； 　　完成—施工总平面图绘制任务	

教学计划指南

建筑力学

4 年级（第七、八学期）

学习领域 1 力的计算	50 节课
教学目的 　掌握静力计算方法	
教学内容 　静力计算原理； 　静力计算案例（平行四边形法则）	

教学计划指南

建筑力学

4 年级（第七、八学期）

学习领域 2 剪力的确定	30 节课
教学目的 　　掌握剪力计算方法	
教学内容 　　剪力计算原理； 　　剪力计算案例	

教学计划指南

建筑力学

4 年级

学习领域 3 设计荷载的确定	**20 节课**
教学目的 了解荷载分类； 掌握设计荷载计算	
教学内容 荷载分类； 设计荷载计算	

教学计划指南

建筑力学

4 年级

学习领域 4 受弯构件计算	20 节课
教学目的 　掌握梁的内力计算	
教学内容 　梁的内力计算	

教学计划指南

测量

4 年级（第七、八学期）

学习领域 1 全站仪的使用	40 节课
教学目的 　掌握测量的基本知识； 　掌握全站仪操作； 　能完成距离测量和面积尺寸测量	
教学内容 　测量的基本知识； 　全站仪操作； 　距离测量； 　测绘软件的使用； 　面积尺寸测量的实际任务	

教学计划指南

测量

4 年级（第七、八学期）

学习领域 2 完成三维测量任务	40 节课
教学目的 　掌握角度测量	
教学内容 　标高测定； 　角度测量	

教学计划指南

选修科目：房屋建筑结构

4 年级

学习领域 1 钢筋混凝土结构	160 节课
教学目的 　　掌握钢筋混凝土的测量； 　　能确定钢筋混凝土板的尺寸； 　　能确定钢筋混凝土梁的尺寸； 　　能绘制建筑构件的钢筋布筋图	
教学内容 　　钢筋混凝土的测量	

教学计划指南

企业管理

5年级（第九、十学期）

学习领域 1 建筑企业领导任务	20 节课
教学目的 　　熟悉建筑企业组织机构和工作流程； 　　了解企业有关计划和控制设想及现状与发展趋势； 　　会分析建筑部门具体的案例，结合（应用）现有管理模式，检查企业目标执行情况和确定行动方案； 　　能根据目标达到程度评价行动结果和决策的领域（评估和反馈）	
教学内容 　　目标—手段—均衡（优化目标）； 　　基准（管理标准）； 　　控制手段	

教学计划指南

企业管理

5年级（第九、十学期）

学习领域 2 融资和投资	**20 节课**
教学目的 能够分析与财务经济有关联的因素和拟订建筑企业财务支配的草案； 能分析企业分项计划互换性的效应关系和依赖关系； 能根据具体的任务计划建筑企业的投资，并确定资金消耗量、流动资金和资金计划； 能在资金的框架内设计项目的策略和运用它进行目标调整； 能根据费用—消耗原理评价所找到的替代方案； 能介绍自己的设想和提出建设性的意见	
教学内容 BaseⅠ、Ⅱ； 分级； 融资的种类； 折旧的等价； 准备金； 现金流动账； 投资种类； 静态和动态投资计算法	

教学计划指南

企业管理

5年级（第九、十学期）

学习领域 3 以过程为导向的生产统计，材料和人力经济	20 节课
教学目的 　　了解建筑企业主要的产生经济效益的过程； 　　能够提供建筑行业常用工艺方法的信息； 　　能根据具体的建筑项目分析主要产生经济效益的过程，用已有的资源进行描绘和设计以过程为导向的决策领域； 　　能分析相应的过程和设计以目标为导向的行动； 　　能根据优化目标范围的质量管理规范进行决策； 　　能根据差劣的管理案例，评价并优化其过程	
教学内容 　　生产程序和产品寿命周期； 　　PPS—系统； 　　生产职能； 　　生产计划； 　　生产控制； 　　工艺方法； 　　缺陷管理； 　　消耗量确定的方法； 　　购置、仓储和缺陷管理费用； 　　优化模型； 　　效率的测量	

教学计划指南

世界建筑史

5 年级（第九、十学期）

学习领域 1	50 节课
教学目的 　　了解西方古代建筑； 　　了解西方现代建筑； 　　了解中国古代建筑； 　　掌握古建筑修缮常识	
教学内容 　　西方古代建筑； 　　西方现代建筑； 　　中国古代建筑； 　　古建筑修缮常识	

教学计划指南

钢筋混凝土结构

5 年级（第九、十学期）

学习领域 1	120 节课

教学目的
 让学生掌握钢筋混凝土的测量；
 能确定钢筋混凝土板的尺寸；
 能确定钢筋混凝土梁的尺寸；
 能绘制建筑构件的钢筋布筋图

教学内容
 钢筋混凝土的测量；
 钢筋混凝土板尺寸的确定；
 钢筋混凝土梁尺寸的确定；
 绘制建筑构件的钢筋布筋图

教学计划指南

建筑法规和建筑规划

5年级（第九、十学期）

学习领域 1 设计规划的制定	60 节课
教学目的 　掌握项目前期的知识	
教学内容 　可行性研究报告； 　编制《项目建议书》； 　审查； 　地质勘测； 　设计规划和管理	

教学计划指南

建筑法规和建筑规划

5年级（第九、十学期）

学习领域 2 报批规划建筑草图、规划设计图的制定	100 节课

教学目的
掌握报批、报建和甲方管理的知识

教学内容
报批、报建程序； 甲方管理知识； 相关法律如合同法、招投标法等； 案例分析

教学计划指南

选修科目：房屋建筑/CAD

5 年级（第九、十学期）

学习领域 1 建筑施工图放样	**60 节课**
教学目的 　　能够识读建筑图放样	
教学内容 　　建筑平面图放样； 　　建筑立面图放样； 　　建筑剖面图放样； 　　建筑详图； 　　结构图	

教学计划指南

选修科目：装饰/干式结构

5 年级（第九、十学期）

学习领域 1 墙、楼板和屋面装饰的计划	60 节课

教学目的
　　掌握干式墙体的施工；
　　掌握干式顶棚的施工

教学内容
　　干式装饰的材料选择；
　　干式墙体的施工；
　　顶棚的施工；
　　其他干式装饰施工（幕墙施工）；
　　干式施工案例

教学计划指南

选修科目：道路和桥梁建设

5 年级

学习领域 1 道路建设	120 节课
教学目的 　　了解道路工程的分类、分级和技术标准，道路交通的特性； 　　了解路线设计中的横断面设计、平面设计、纵断面设计以及交叉设计； 　　能够设计路基与路面的一般施工方案	
教学内容 　　道路的分类、分级； 　　道路工程的技术标准； 　　路线设计中的横断面设计； 　　路线设计中的平面设计； 　　路线设计中的纵断面设计； 　　路线设计中的交叉设计； 　　道路施工方案的路基部分； 　　道路施工方案的路面部分	

教学计划指南

选修科目：道路和桥梁建设

5 年级

学习领域 2 桥梁建设	120 节课
教学目的 　　了解桥梁的分类、组成； 　　了解和掌握混凝土简支板桥、简支梁桥的构造与施工； 　　了解混凝土梁桥桥面构造； 　　了解其他结构体系的桥； 　　了解和掌握混凝土桥梁、墩台的构造	
教学内容 　　桥梁的分类、组成； 　　混凝土简支板桥构造与施工； 　　混凝土简支梁桥的构造与施工； 　　混凝土梁桥桥面构造； 　　其他结构体系的桥； 　　混凝土桥梁墩台的构造	

楼宇智能化专业教学计划

楼宇智能化专业教学计划

一、招生对象与学制

招收对象：初中毕业生

学制：5年

二、培养目标与人才规格

（一）培养目标

培养与我国社会主义现代化建设要求相适应的，德、智、体、美全面发展，身心健康，掌握楼宇智能化专业必备的基础理论和专门知识，具有从事建筑智能化专业实际工作的综合职业能力和全面素质，并具有较强实际操作能力，能够在建筑智能化行业的生产、经营、管理和服务等第一线工作的高级技术应用型人才。

（二）人才规格

毕业生应具有爱国主义、集体主义和良好的思想道德素养，有强烈的社会责任感、明确的职业理想和良好的职业道德，团结协作，富有团队精神；遵纪守法，艰苦奋斗，热爱劳动；具有良好的职业心理素质，勇于自谋职业和自主创业。

毕业生应掌握文化基础知识，初步的社会创业知识和专业相关的法律法规知识；具备从事本专业工作的基本能力和基本技能，能应用本专业的知识分析、解决实际问题；具有一定的信息收集与处理能力、跨专业学习能力、专业语言交流能力、计算机应用能力以及团体协作和社会活动能力等；具有一定的创新精神和较强的实践能力，能适应职业岗位的变化，能适应科技进步和社会发展的需要。

三、教学方法

实施本大纲所采用的教学方法主要是以行动为导向的教学法。

所谓行动导向教学法是指无论在学习或者在教学上都是以基于工作过程的行动为教学的出发点，并注意以下要点：

——行动导向教学法首先要创设职业工作中的情境。

——行动导向教学法要求尽可能由学生自己行动，或者由学生自己在领会或掌握后形成新的学习领域的起点（通过行动学习）。

——行动导向教学法要求学生尽可能独立地计划、实施、检验，若有可能应自己修正并进行最后的评价。

——行动导向教学法要求完整地包括职业的真实性，例如包括技术的、安全技术的、经济的、法律的、生态的、社会的观点。

——行动导向教学法要求学生必须将所学的知识和技能整合起来，并考虑它们的社会作用。

——行动导向教学法也应该包括社会行为过程,例如利益的辩护或纠纷的解决。

这表示,在教学计划中应该明确职业学习的完整性,促进学生学习的合作能力和教师教学组织能力,以及有目的的构建与培养方法能力和社会能力。这种教学目标应由项目教学和跨课程的教学等创新形式来支撑。

四、知识结构与能力结构

(一)知识结构:(1)毕业生必须掌握相当于大学专科的文化基础知识;(2)掌握本专业所必需的基础知识、基本理论和基本技能;(3)掌握建设设备自动化系统的原理结构及施工管理方法;(4)掌握楼宇智能化相关设备的基本原理和使用方法;(5)掌握综合布线的方法和技术,掌握物业管理的基础知识。

(二)能力结构:(1)具备管理和现场实施楼宇智能化工程能力;(2)具备设备选型、安装调试和检测维护的能力;(3)具备分析解决楼宇智能化工程中的技术问题和自学能力;(4)具有安装、调试和维护楼宇智能化设备以及处理一般故障的能力,能从事智能大厦的设计和网络布线等工作;(5)具有较好的文字表达能力和人际交往能力,具有自学和获取信息的能力;(6)具有较强的专业操作技能,获得劳动部门颁发的相关操作技能等级证、上岗证及国家高新技术技能等级证。

五、课程设置与教学安排

(一)周课程安排

课程＼学期	一	二	三	四	五	六	七	八	九	十
政治	2	2	2	2	2	2	2	2	0	0
语文	2	2	2	2	2	2	2	2	0	0
数学	2	2	2	2	2	2	2	2	0	0
英语	2	2	2	2	2	2	0	0	0	0
体育	2	2	2	2	2	2	2	2	0	0
选修课	0	0	0	0	0	0	4	4	0	0
专业教学	20	20	20	20	20	20	20	20	0	0
合计	30	30	30	30	30	30	32	32	0	0

说明:第九学期、第十学期为进入企业进行专业实习。

(二)学期授课时数

课程＼学期	一	二	三	四	五	六	七	八	九	十	合计
文化课	170	170	170	170	170	170	136	136	0	0	1292
选修课	0	0	0	0	0	0	68	68	0	0	136
专业理论	120	120	150	140	142	140	150	100	0	0	1062
专业实践	220	220	190	200	198	200	190	100	0	0	1518
合计	510	510	510	510	510	510	544	404	0	0	4008

说明:每学期实际授课周数按17周计算。第八学期教学周数按10周计算。

专业课程学期授课计划

第一学期

专业基础模块1 电工基本操作技能	总课时：	240 节课
	实训操作：	160 节课

教学目的

能够初步掌握建筑平面制图；
能够初步掌握建筑电气制图；
认识安全用电的重要性和相应的保护方法；
能够掌握最基本的电气安装作图知识；
掌握相关直流电路的专业计算；
掌握有关直流电路的实验技能和实验技巧；
掌握常用的电工材料的特点；
能够正确使用常用的电工手动工具；
能够对所使用的工具进行简单的维修；
能够进行明配电线的敷设；
能够进行明配电管、塑料电管的敷设；
能够根据图纸要求进行材料的计算；
能够对完成的工作进行正确的评价；
能够进行钎焊操作

教学内容

预防事故和环保的各项措施；
建筑平面制图的基本知识；
建筑电气制图的基本知识；
电工制图基础知识；电气符号、照明安装接线图的画法；
简单电路的组成原理；
直流电路的专业计算和有关实验；
导电材料、绝缘材料、电磁材料；
导体的电阻率、电导、载流量的计算；
常用输电材料的选择原则；
常用电工手动工具的正确使用；
导线的连接方法和恢复绝缘；
敷设护套线的技术要求和安装；
安装日光灯；
双控灯的几种接法和安装方法；
双极双控开关的特点和使用方法；
明配电管、塑料电管的敷设；
电烙铁的基本构造和正确的使用方法；
焊接铜导线；
焊接电子元件

学习领域 1 分析并检查设备	总课时：	100 节课
	实训操作：	60 节课

教学目的

　　本领域是楼宇智能专业的入门基础。通过本领域的学习，学生应学会通过与客户沟通了解电器设备的故障症状，分析确定故障所在位置和原因，帮助客户制定经济合理的修理方案及其相应的修理计划；学会选择合适的检测测量设备、故障检测方法对设备进行修理与测试，并形成相关的维修文件；学会给用户开具发票并说明所列的收费项目，解释故障原因，演示修好的设备，将修好的设备交给用户

　　掌握与客户交谈确定故障位置的技巧；
　　掌握常用测量方法及测量仪器的使用；
　　掌握电工劳动保护及健康保护的规定；
　　熟悉各种常见的能量流程和信息流程中的故障现象及排除方法；
　　熟悉故障查找策略及灵活运用；
　　熟悉故障修理记录文件的书写方法；
　　了解模拟信号与数字信号的接口及传感器、执行元件

教学内容

　　模拟信号与数字信号的接口（以门铃、收音机、万用表、红绿灯、LED 显示牌、电子钟、抢答器为项目）；
　　接口的含义及分类；
　　串口、并口、模拟信号与数字信号 I/O 接口、通信接口；
　　常见的接口 RS485、RS232 接口简要外围特性、传输速率、结点数介绍；
　　与客户沟通技巧，设备检查步骤；
　　测量电气与非电气参数方法（万用表、示波器）；
　　传感器、执行元件（重在认识性能指标，会选用传感器，可以通过做个简单的温度传感器作一简单了解）；
　　测量与检验器具：
　　万用表、钳形电流表、兆欧表、接地电阻测试仪、示波器、综合布线测试仪、光纤综合测试系统等；
　　能量流程与信息流程中的错误；
　　故障查找策略（即步骤）；
　　设备检查常用方法（调查法、观察法、测量法、分析法、替换法）；
　　了解故障现象；准备工具；确定故障位置；利用已有的知识采用各种方法解决故障；功能核查，并达到使用要求后进入下一步；清理现场及工具；指导用户使用；
　　修理任务：
　　故障的处理流程及相关文本编制；
　　劳动保护与健康保护规定（安全教育贯穿始终，养成良好习惯）；
　　电工职业道德，电工安全作业要求，电工劳动保护用品的使用，电气操作人员安全保护法律规定

第二学期

专业基础模块 2 电子线路和数字电路	总课时：	200 节课
	实训操作：	120 节课

教学目的

让学生掌握晶体二极管整流电路、晶体三极管放大电路；
掌握反馈电路、正弦波振荡器；
掌握集成运算放大器原理及应用；
掌握功率放大器及直流稳压电源；
掌握逻辑门电路及组合逻辑电路；
掌握触发器、时序逻辑电路；
了解 D/A 与 A/D 转换电路

教学内容

二极管的工作原理、基本参数和计算方法；
二极管整流电路的构成，参数的测定；
晶体三极管的结构和工作原理；
基本放大电路的组成和特性；
基本参数和计算方法；
多级放大电路的耦合方式及相关概念；
放大电路中负反馈的作用和种类及判别方法；
功率放大电路的任务和特点；
集成运算放大器的应用；
集成功率放大器的组成和工作原理；
集成稳压器的组成和工作原理；
振荡器的种类及其各自的工作原理；
数字电路的基本知识；
TTL 与非门电路的工作原理；
其他 TTL 逻辑门的工作原理；
组合逻辑电路的基本特点和分析方法；
基本 RS、JK、D 触发器的组成、逻辑符号和逻辑功能；
时序逻辑电路的基本特点和分析方法；
模-数转换器的组成、工作原理、主要技术指标及使用方法；
电子制作；
检查调试电子制作成品

学习领域 2 房屋技术中的电气设备与维护	总课时:	140 节课
	实训操作:	100 节课

教学目的

本领域是楼宇智能专业的专业学习领域的基础。通过本领域的学习,学生应对房屋技术中的常用设备及其配电方法有一个全面的认识与了解,了解房屋的防雷及过电压保护的意义,能够为用户提供使用房屋电气设备的简单咨询。通过本领域的教学,学生应达到下列基本要求:
1. 熟悉房屋技术中各种设备的类型与使用功能;
2. 熟悉与用户交流沟通的方法;
3. 熟悉等电位连接的意义;
4. 了解房屋防雷及过电压保护的意义

教学内容

照明设备(会设计、会施工,可以先识图,再施工,然后学设计):
交流电的基本知识与计算;纯电阻、纯电容、纯电感电路,R-C-L 电路,照明电路的原理、组成和安装要求;照明物理量,照明电光源,照明器及选用,照明方式、照明种类、照明质量;了解色温的含义,常用开关、插座的型号及含义;不同场合下、不同要求的开关、插座的安装标准;单控电灯的接法和安装标准;新型电光源的特点和使用;
电热设备:
认识电热设备、热水设备的工作过程、类型;
空调、制冷设备、热力泵:
认识空调、制冷设备、热力泵的简单功能、原理、工作过程、类型;
将电气设备连接到管道系统上的规定:
等电位的含义及意义,等电位连接的分类,局部等电位连接的意义;
室内设备、家用电器配电:
各种空调设备的配电方法,各种家用电器设备(计算机、电视等)的配电方法;
避雷(室外防雷感性认识):
雷电的形成及危害,房屋防雷等级及措施,过电压种类(暂时过电压、操作过电压、雷电过电压),过电压保护及限制措施;
客户咨询,营销会谈:
咨询服务,营销会谈常识

第三学期

学习领域 3 保证设备的供电与安全	总课时：	180 节课
	实训操作：	100 节课

教学目的

本领域是楼宇智能专业的专业学习领域。通过本领域的学习，学生应掌握保证设备供电与安全的方法，能从功能、经济和生态角度分析各种供电系统，能根据电网体系和保护措施要求确定设备、导线规格大小，并能按标准、规范及规则安装、调试和维护供电设备和使用其他设备。

通过本领域的教学，学生应达到下列基本要求：
掌握设备供电的常用高低压电器功能作用；
熟悉供电的环境相容性要求和电压等级；
掌握电网体系及负荷计算、短路计算方法；
掌握常用保护装置的选择和使用；
掌握常用测量与检测器具的使用方法；
掌握常用检验（检查）记录表的填写方法；
熟悉保护等级、绝缘等级分类，防触电保护类别；
掌握常用安装施工及验收规范；
能够进行供电配电箱的安装；
掌握自动保护开关和漏电保护开关的原理和安装要求

教学内容

开关设备和配电设备：
开关设备和配电设备概述，包括高压开关设备、低压开关设备、高压配电设备、低压配电设备；
环境相容性（治理谐波）：
环境条件与设备供电的关系，设备使用环境分类，电磁污染与电磁兼容；
电压等级：
我国电力网的电压等级分类（分三类：第一类，1kV 及以上的电压；第二类，1kV 以下的；第三类，50V 以下的安全电压)，电压偏差及其允许值；
交流系统、三相交流系统：
三相交流电动势的产生；三相电源的连接；三相负载的连接；中线的作用；三相交流系统的分析；
电网体系：
电力系统的组成及各部分功能，高压配电方式，电力负荷的等级，电力系统的中性点运行方式，10kV 变电所的结构形式，变电所布置及设计，用电设备的负荷计算，导线及开关的选择，电网的短路计算，高压电力线路的结构及敷设；
保护装置 [与（一）结合起来讲]：
保护装置概述，低压保护装置，防雷保护，设备的接地与接零；避雷装置；接地体的安装；接地体技术指标标准和检测；照明设备、电热设备、热水设备、空调、制冷设备，热力泵等电位连接-将电气设备连接到管道系统上的规定；
测量与检验器具（接地电阻测试仪）：
兆欧表，钳形电流表，相序表，接地的电阻测试仪；
检验（检查）记录：
概述，常用检验（检查）记录表式；
保护等级，绝缘等级分类：
电气设备外壳防护概述，设备外壳防护等级的代号与划分，绝缘材料的电气性能与耐热等级，按保护功能区分的绝缘形式；
防触电保护类别：
电气设备按电击防护方式分类，手持电动工具和移动式电气设备防触电，等电位连接；
指导使用者操作：
操作规范，操作工艺，操作程序，验收规范，质量评定

学习领域 4 动力技术设备安装、调试和修理	总课时：	160 节课
	实训操作：	90 节课

教学目的

　　本领域是楼宇智能专业的专业学习领域。通过本领域的学习，学生应能够从供电安全与可靠性角度对供电途径进行选择，熟悉各种可再生能源的特点，能够掌握变压器的工作原理及常用控制开关电器的用途，熟悉配电作业与安装馈电系统的一般规定。具体达到下列基本要求：

　　掌握低压配电系统接线方式的选择；
　　掌握电力变压器的工作原理；
　　熟悉配电作业和安装馈电系统的一般规定；
　　掌握常见控制开关电器的用途；
　　了解各种再生能源的特点、工作原理及相关技术；
　　了解电力系统进行补偿的意义

教学内容

　　电网形式：
　　低压配电系统接线方式、特点及适用范围；
　　三相交流变压器的结构与接线组；
　　三相电力变压器的作用及工作原理，有关变压器数据的计算；
　　配电作业和安装馈电系统的规定：
　　高低压电器设备安装一般规定、配电线路施工一般规定；
　　开关电器：
　　常见的控制开关电器、用途；
　　太阳能电池发电系统：
　　太阳能发电系统的含义、结构及工作原理；
　　燃料电池：
　　燃料电池的含义、结构、分类及工作原理；
　　逆变器：
　　逆变器的含义、结构、分类及工作原理；
　　不间断、无故障电源：
　　不间断电源的含义、结构、分类及工作原理；
　　功率因数补偿的意义，补偿的方法

第四学期

学习领域 5 设备控制系统编程与实施控制	总课时：	180 节课
	实训操作：	100 节课

教学目的

  本领域是楼宇智能专业的专业学习领域。通过本领域的学习，学生应学会根据各工作义务手册开发控制系统，编写控制方案并从经济性角度优化控制方案，对控制设备进行编程和设定参数，运行、调试程序使之完成控制功能，指导用户使用控制系统。

  通过本领域的教学，学生应达到下列基本要求：

  掌握控制系统常用元器件的功能；

  掌握信号与传输系统的功能与选择；

  掌握总线系统及楼宇控制技术；

  掌握控制系统的系统编程和参数设定；

  掌握控制系统的运行、调试方法及常见故障排除

教学内容

  控制与调节技术方面的元器件（给水排水的控制、液位控制、变频控制、暖通控制）：

  计算机控制系统分类，集散控制系统含义，集散控制系统构成元件——现场控制站、中央管理服务器、操作员站、工程师站、通信控制器、现场元件；

  传感器与执行元件：

  传感器分类及工作原理，传感器选择及安装方法，执行元件分类及工作原理，执行元件选择及安装方法；

  信号与数据传输系统：

  信号概念，信号分类及特点，数据传输系统分类，常用传输介质及特点；

  总线系统及其特定应用领域：

  总线概念，常用现场总线标准及应用领域［CAN（用于汽车）、LONWORKS（重点）、PROFIBUS（用于工业）］，BACNET 数据通信协议；

  楼宇系统技术：

  建筑设备监控系统概念及组成，各子系统组成及监控原理，系统集成含义、系统集成技术、系统集成设计；

  编程算法：

  组态软件含义，组态软件编程方法，各子系统组态编程；

  诊断系统：

  建筑设备监控系统程序调试，建筑设备监控系统验收方法及评定，控制系统常见故障的分析诊断与排除

学习领域 6 **选择传动系统，并将其纳入其他设备**	总课时： 实训操作：	**160 节课** **100 节课**

教学目的

　　本领域是楼宇智能专业的专业基础。通过本领域的学习，学生应能够正确理解客户对传动系统的要求，掌握选择传动系统并使其满足工艺要求的方法，能从功能和经济角度选择确定设备、组件和保护装置的规格大小，并能按标准、规范及规则安装、调试和扩展传动技术系统。

　　通过本领域的教学，学生应达到下列基本要求：

　　熟悉电动机的种类和结构形式；

　　掌握电动机的运行方式；

　　熟悉电动机的防触电保护类别；

　　掌握电动机的启动、制动及转速控制方法；

　　熟悉变流器的工作原理，掌握变流器的选择使用方法；

　　掌握常用保护装置的选择使用方法；

　　掌握传动技术系统的安装施工及验收规范，并能系统地查找、排除故障；

　　掌握传动技术系统电磁相容达标的措施和方法；

　　掌握传动技术系统记录文件的编制方法

教学内容

　　电机元件：

　　概述，磁性材料，铁芯，电感线圈；

　　电动机种类：

　　概述，直流电动机，交流电动机，伺服电机；

　　结构形式、运行方式、防触电保护类别：

　　电动机的结构形式，直流电动机的运行方式，交流电动机的运行方式，电动机防触电保护类型；

　　启动方法与制动方法，转速控制：

　　直流电动机的启动方法与制动方法，交流电动机的启动方法与制动方法，直流电动机的转速控制，交流电动机的转速控制，继电器及接触器控制技术（与电工考试结合），传动技术系统的施工及验收规范，对安装的电路进行检查和评价，排除电动机控制中常见故障，检验电动机的质量；

　　变流器（概述性地介绍）：

　　概述，变流器的主电路，变流器的控制电路，晶闸管变流调速系统、变频器；

　　保护装置：

　　概述，过电压保护装置，过电流保护装置，过负荷保护装置，其他保护装置，设备的接地与接零，电磁相容性，技术文件的编制

第五学期

学习领域 7 房屋技术中的电气设备与维护	总课时：	180 节课
	实训操作：	98 节课

教学目的

本领域是楼宇智能专业的入门基础。通过本领域的学习，学生应掌握房屋技术中电气设备的计划、安装、调试、验收、运行和维护的工艺与技术，为用户选择、使用有应用房屋技术方面的电气设备提供咨询。通过本领域的教学，学生应达到下列基本要求：

掌握房屋技术中电气设备的选择与使用，同时注意设备的动力技术、生态和经济性，能为用户提供咨询；

掌握房屋技术设备的计划、安装与调试；

掌握有关房屋安全需要的内部防雷和外部防雷的计划、安装与检查，以及局部等电位连接、金属设备不导电部分接地的计划、安装与检查；

熟悉相应的标准和规定，遵守安全规范；

熟悉已坏元件与器件的更换，并按环保要求处理换下的坏件及剩余材料；

能够对设备做规定的检查，按客户要求调整设备、安装家用电器，指导用户使用并提供必要的维护工作方面的咨询与维修合同

教学内容

照明设备：

照度标准，照明器布置，照度计算，照明器具安装；

电热设备、热水设备：

电热设备、热水设备的配电；

空调、制冷设备、热力泵：

空调、制冷设备、热力泵的配电；

将电气设备连接到管道系统上的规定；

局部等电位连接的做法，连接线的选择；

室内设备、家用电器配电：

常用的室内设备的供电及控制设备，室内电气设备的控制方式，室内电气设备的节能，民用建筑电气设计（含应急照明供电设计）；

避雷，浪涌保护：

建筑物防雷计算方法，防雷与接地装置的设计、安装与检查，接地电阻测试；避雷器的安装与检查，过电压保护装置的设计与安装；

客户咨询，营销会谈：

设备的调整、使用与维护，设备的维修，被换下坏件的环保处理，与客户的会谈、维修合同

学习领域 8 动力技术设备安装、调试和修理	总课时：	160 节课
	实训操作：	100 节课

教学目的

　　本领域是楼宇智能专业的专业学习领域。通过本领域的学习，学生应能够从供电安全与可靠性角度进行电网的设计，从经济和生态角度理解新型能源并能向用户进行推荐使用，同时掌握供配电系统中各种设备及线路的施工及运行调试方法，并能指导用户使用。通过本领域的教学，学生应达到下列基本要求：

　　掌握常见的供配电系统、低压配电系统的接地方式；
　　掌握变压器的容量选择；
　　掌握供配电系统中各种设备的施工安装及运行调试方法；
　　掌握电气控制电路的原理及安装，故障维护；
　　熟悉柴油发电机及不间断电源的容量选择；
　　了解太阳能电池、燃料电池的特点及使用方法；
　　掌握补偿容量的选择

教学内容

　　电网形式：
　　用电企业常见的供配电系统，低压配电系统的接地方式；
　　三相交流变压器的结构与接线组：
　　三相电力变压器的结构及分类，变压器的接线组别的意义，变压器铭牌及容量选择；
　　配电作业和安装馈电系统的规定：
　　高低压电器的安装方法，变压器的安装方法，配电线路的施工方法，变配电设备常规试验，常见故障的原因和解决的方法；
　　开关电器：
　　常见的电气控制原理图，控制电路的安装和接线，并能对常见故障进行维修；
　　太阳能电池发电系统：
　　太阳能电池发电系统的操作、使用方法；
　　力—热偶合：
　　柴油发电机的容量选择，发电机的安装，柴油发电机的余热综合利用；
　　燃料电池：
　　常用的燃料电池的特点及选择方法，安装；
　　逆变器：
　　逆变器的实际运用；
　　不间断、无故障电源：
　　不间断电源的容量选择及安装；
　　功率因数补偿：
　　功率因数补偿容量计算

第六学期

学习领域 9 住宅建设与专用建筑中通信系统计划与实施	总课时：	340 节课
	实训操作：	200 节课

教学目的

　　本学习领域是专业和实践性较强的一个学习领域；

　　通过本领域的学习，学生应达到与客户交谈自如，通过谈话了解、分析客户对通信系统的要求，能够从企业、经济和法律的角度解释和协调客户意愿；与客户协商，从效率、合理性和未来发展的角度选择、确定住宅建筑和专用建筑的通信系统和总线系统的元器件；能为客户确定建筑采用何种能源管理系统、何种反映数据、何种设备状态的可视显示系统并判断和分析网络接口情况；

　　通过本领域的学习，学生应掌握通信系统设计、安装，确定参数和编程；能系统地检查设备运行功能情况，系统地查找故障并排除故障；能根据测量记录和技术检查结果编制相关文件资料；给客户解释系统情况并说明今后服务要点及运行情况处理方法；

　　通过本领域的教学，学生应达到下列基本要求：

　　掌握访客对讲呼叫装置元器件选择及方案实施；

　　掌握电话通信系统的电缆配线方式、系统设计、安装调试和验收；

　　掌握火灾自动报警系统、防盗报警系统设计、安装调试和验收；

　　熟悉建筑服务管理系统；

　　掌握闭路电视主要设备分类、设备型号以及设备的选择方法、安装、调试和验收；

　　了解计算机网络的硬件组成及常用硬件设备类型，局域网；

　　掌握交谈方式、指导业主使用系统及日常维护和常见故障的处理方法

教学内容

　　呼叫装置：

　　访客对讲呼叫系统类型，单对讲访客呼叫系统设计，可视对讲访客呼叫系统设计，电子巡更系统设计，访客对讲呼叫装置元器件选择，方案实施；

　　电信终端设备：

　　电话通信网及系统功能，数字程控交换机简介（虚拟网简介），电话传输线路，电缆配线方式与用户线路敷设，系统设计、安装调试和验收；

　　危险报警装置：

　　防盗报警系统与报警探测器，防盗报警器材分类及适应范围，常见防盗报警器，防盗报警系统的实施方法，出入口控制系统；火灾探测器基本类型及基本原理，火灾探测器主要技术指标及选择方法，火灾报警控制器主要结构及工作原理，常用火灾报警控制器的型号与选择依据，消防设施联动控制；

　　建筑服务管理系统：

　　住宅、小区三表（四表或五表）出户计量系统，建筑住宅或小区物业管理系统，建筑设备管理系统，建筑维修管理系统，建筑收费管理系统建筑环卫管理系统，业主投诉管理系统；

　　可视显示系统：

　　闭路电视系统组成及原理，系统主要设备分类、设备型号和选择方法，闭路电视系统的控制方式及适用范围，视频信号传输，闭路电视系统、安装、调试和验收；

　　天线设备与宽带通信设备：

　　电视广播卫星基本情况，卫星电视地面接收设备，常用设备型号及选择方法；计算机网络定义及网络功能，网络体系结构和网络协议，网络的硬件组成及常用硬件设备类型，局域网；

　　客户咨询和指导：

　　项目交谈方式，专业技术通俗语言的表达方法，业主心理状态分析，引导业主了解方案实施的优缺点，指导业主选择方案，完善方案，指导业主使用系统及日常维护和常见故障的处理方法

第七学期

学习领域 10 动力技术与楼宇设备计划与实施	总课时：	340 节课
	实训操作：	190 节课

教学目的

　　本领域是楼宇智能专业的专业基础。通过本领域的学习，学生应能对动力技术和楼宇技术设备项目进行施工组织设计，并能根据施工组织设计，编制出符合实际的施工方案；能按标准、规范及规则安装动力技术和楼宇技术设备，并能调试和检查各功能；了解相关的资源再生技术，注意施工过程、施工结果与环境的相容性。会对施工过程中有关工程信息、资料进行及时收集和正确编制，并能从组织、技术和经济角度评定项目结果。

　　通过本领域的教学，学生应达到下列基本要求：
了解施工组织设计的编制程序、依据、内容和原则；
掌握流水施工基本组织方式；
掌握横道图与网络图技术；
会编制动力技术与楼宇设备项目的施工组织设计；
了解工程质量管理的基本知识；
掌握相关工程质量的评定标准和验收方法；
掌握动力技术与楼宇设备安装技术及施工规范；
具有动力技术与楼宇设备调试能力；
具有资源再生（或资源综合利用）以及保护环境的意识；
能正确编制、整理安装工程的相关文件档案资料；
能对项目进行技术经济分析

教学内容

项目说明：
项目的内容和特点，施工地区的特征，施工条件及其他；
时间与工作计划：
流水施工，横道图，网络图，施工组织设计；
动力设备与楼宇设备：
安装技术，调试技术，检查验收；
天线设备与宽带通信网络：
安装技术，检测技术，检查验收；
标准规定与规则：
相关操作规程，施工规范，评定标准和验收方法；
项目整理与分析：
施工准备、施工过程、竣工验收等资料整理分析；
质量保证：
工程质量管理的基本知识（质量管理方法及标准），质量保证体系，项目质量监控点，过程的检查，结果验收；
项目评定：
项目评价体系，项目评价内容，项目分析评定

第八学期

学习领域 11 动力与楼宇技术设备维护与变更	总课时：	**200** 节课
	实训操作：	**100** 节课

教学目的

　　本领域是楼宇智能专业的专业学习领域，通过本课程的学习与实践，学生应能够根据市场、客户的要求，以及国家、行业规范的有关规定，编制出科学、合理、经济的动力与楼宇技术设备维护方案。同时为客户提供设备的维修、升级更新的咨询服务和技术指导，能在设备实际维护过程中根据岗位职责记录、整理相关技术与维护资料。具体应达到下列基本要求：

　　掌握编制动力与楼宇技术设备的维护方案；
　　熟悉与设备维护相关的标准、规范与规则；
　　掌握客户咨询与指导的方法；
　　掌握编制设备维护与变更过程中的记录文件；
　　熟悉自我学习的途径

教学内容

　　维护方案：
　　维护方案编制原则、编制方法、编制内容，典型楼宇控制系统维护方案实例；
　　标准、规范与规则：
　　国家标准、规范与规则中有关设备维护的内容；
　　客户咨询与指导：
　　设备维护客户的培训，维护过程中故障的咨询与解决；
　　过程记录文件：
　　设备维护过程记录文件名称，维护过程记录文件的编制；
　　知识管理：
　　自我学习的途径与方法

建筑设备专业教学计划

建筑设备工程技术专业教学计划

一、招生对象与学制
招收对象：初中毕业生
学制：5 年

二、培养目标与人才规格
（一）培养目标
面向本专业培养德、智、体、美、劳全面发展，身心健康，与我国现代化建设要求相适应，掌握建筑设备专业相应的基本知识、基本技能，并具有从事本专业实际工作的综合职业能力和综合素质的建筑设备专业的高级技术应用型人才。

（二）人才规格
毕业生应具有爱国主义、集体主义和良好的思想道德素养，有强烈的社会责任感、明确的职业理想和良好的职业道德，富有团队精神；遵纪守法，热爱劳动；具有良好的职业心理素质，初步具备自谋职业和自主创业的能力。

毕业生应掌握建筑设备工程技术专业必备的基础理论和专门知识，具有从事建筑设备工程技术专业实际工作的综合职业能力和综合素质，并具有较强实际操作能力，能够从事建筑设备工程技术行业的安装、维护、调试和服务。具有一定的信息收集与处理能力、跨专业学习能力、专业语言交流能力、计算机应用能力以及团体协作和社会活动能力等。

同时，毕业生应具有一定的创新精神和较强的实践能力，能适应职业岗位的变化，并能适应科技进步和社会发展的需要。

三、教学方法
实施本大纲所采用的教学方法主要为以行动为导向的教学法。

所谓行动导向教学法是指无论在学习或者在教学上都是以基于工作过程的行动为教学的出发点，并注意以下要点：

——行动导向教学法首先要创设职业工作中的情境。

——行动导向教学法要求尽可能由学生自己行动，或者由学生自己在领会或掌握后形成新的学习领域的起点（通过行动学习）。

——行动导向教学法要求学生尽可能独立地计划、实施、检验，若有可能应自己修正并进行最后的评价。

——行动导向教学法要求完整地包括职业的真实性，例如包括技术的、安全技术的、经济的、法律的、生态的、社会的观点。

——行动导向教学法要求学生必须将所学的知识和技能整合起来，并考虑它们的社会作用。

——行动导向教学法也应该包括社会行为过程，例如利益的辩护或纠纷的解决。

这表示，在教学计划中应该明确职业学习的完整性，促进学习的合作和教学组织形式，以及有目的的构建与培养方法能力和社会能力。这种教学目标应由项目教学和跨课程的教学等创新形式来支撑。

四、知识结构与能力结构

（一）知识结构

1. 掌握必备的文化基础知识、一定的体育和卫生保健知识。
2. 掌握建筑设备专业的基础知识、基本理论和基本技术。
3. 掌握建筑设备工程中常用的设备及相关材料的基本知识。
4. 具有一定的计算机基础知识，在本专业工作中的具体应用计算机。
5. 掌握典型建筑设备的组成和工作原理，了解建筑设备施工、安装、调试中的各种技术和工艺。
6. 掌握建筑设备施工过程中的组织、管理与质量控制等方面的知识，了解建筑设备市场营销知识。

（二）能力结构

1. 具有操作建筑设备施工、维护保养中常用工具的能力。
2. 具有识读设备工程施工图纸和工艺文件的能力。
3. 具有操作、使用与维护较复杂的建筑设备系统的能力。
4. 具有对常见建筑设备进行安装、调试、检测与维修的能力。
5. 具有一定的建筑设备工程设计与开发能力。
6. 具有信息收集和处理能力、交流合作能力、解决问题能力和终身学习能力。
7. 具有准确的汉语语言及文字表达能力，一定的英语交流与英文专业资料阅读能力。

五、教学设置及教学安排

（一）周课程安排

课程\学期	第一学期	第二学期	第三学期	第四学期	第五学期	第六学期	第七学期	第八学期	第九学期	第十学期
政治	2	2	2	2	2	2	2	2		
体育	2	2	2	2	2	2	2	2		
语文	4	4	4	4						
数学	4	4	4	4						
英语	4	4	4	4						
电工基础					4					
电子技术						4				

续表

课程		第一学期	第二学期	第三学期	第四学期	第五学期	第六学期	第七学期	第八学期	第九学期	第十学期
	企业管理							4			
	财会								4		
	安装工程组织预算								6		
	德语							2	2		
	专业英语							2	2		
	就业指导										2
	选修课							2	2		2
专业理论	制图	2	2	2	2	2	2	2			2
	计算	2	2	2	2	2	2	2			2
	理论	2	2	2	2	2	2	2	4		2
专业实践	钳工基础技术	8									
	白铁加工技术		6								
	气割与气焊		2								
	管道安装			6	6						
	手工电弧焊			2	2						2
	管道安装综合					6	4				4
	供热技术					4					2
	卫生器具安装						6				2
	空调制冷技术							8			2
	电工电子					4	4				
	工程测量技术								4		
	企业实习									30	
	毕业设计								9 周		
合计		30	30	30	30	28	28	28	28	30	22

说明：在教学中，专业理论教师与专业实训教师及基础课教师应共同设计项目，相互配合，将专业工作所需知识综合起来。

（二）学习领域及课时安排

第一学期

学习领域 1 钳工基础技术	总计：	252 节课
	实践：	144 节课

教学目的
让学生能够掌握基本的几何作图知识；
在项目工作过程中进行图纸的正确识读和相关的专业计算；
熟悉常用的量具，在项目学习过程中正确选择量具，掌握其测量方法和量具的维护及保养；
能够在所加工的材料上进行正确划线；
根据工艺步骤正确选择和使用钳工工具；
能够对所使用的工具进行简单的维修；
在工作中正确选择和使用机械台钻和手提式电钻，并能遵守安全规范；
能够掌握套丝与攻丝的相关计算并实际进行套丝、攻丝操作；
能够掌握必要的公差配合知识；
能够对机械台钻和手提式电钻进行维护保养和简单的故障排除；
能够对于所加工材料的特性有一定的了解；
能够进行简单零部件的加工（包括锯割、锉削、钻孔、锪孔以及錾削等工艺）；
能够制定工作计划，安排合适的工序；
能够对加工的工件进行评价

教学内容
几何制图基础知识；
材料下料计算面积、体积、密度、质量；
量具和量仪的结构和正确使用；
钳工工作台的构成；
台虎钳的结构；
常用钳工工具的组成和使用要领；
钳工操作安全规范；
机械台钻和手提式电钻的使用与维护保养；
基本的电气常识；
安全用电知识；
划针划线的操作；
锯割、锉削、钻孔、锪孔以及錾削等工艺；
套丝与攻丝的相关知识；
公差与配合；
金属特性知识；
材料和工具清单；
制定工作计划，工序安排；
计算制作成本

备注：
在手工制图的基础上能够用计算机进行绘图；
利用计算机制定工具和材料清单；
利用计算机制定工作计划，工序安排；
掌握锯割、锉削、钻孔、攻丝、套丝等基本技能；
完成 3～5 个独立工件的制作，例如六楞体、螺帽、榔头等

第二学期

学习领域 2 白铁加工技术	总计：	180 节课
	实践：	108 节课

教学目的
　　让学生能够掌握与专业相关的基本几何作图；
　　在项目工作过程中正确识读图纸，并能在白铁上进行放样作图；
　　能够正确选择和使用白铁加工所需的量具，能自制划线工具与样板；
　　能够正确选择和使用白铁加工工具；
　　能够正确使用白铁加工的专用设备；
　　能够了解白铁加工的专用设备的基本原理；
　　能够进行白铁工件的加固；
　　能够对工具进行简单维修；
　　能够对工件进行正确评价；
　　能够合理安排工序；
　　能够计算用工成本

教学内容
　　几何作图知识；
　　量具与样板；
　　白铁加工工具；
　　白铁的相关知识；
　　放样作图；
　　在白铁上进行划线；
　　专业设备的使用、原理；
　　白铁加固理论；
　　材料和工具清单；
　　制定工作计划，工序安排；
　　计算制作成本

备注：
　　在手工制图的基础上能够用计算机进行绘图；
　　利用计算机制定工具和材料清单；
　　利用计算机制定工作计划，工序安排；
　　掌握划线、折边、加固等基本技能；
　　完成3～5个独立的、对以后教学有用或者与专业相关的工件制作，例如盒子、工具箱、通风管道等

第二学期

学习领域 3 气割与气焊	总计：	72 节课
	实践：	36 节课

教学目的
　　让学生认识气割（气焊）的设备构成；
　　认识气源的种类、储存、输送的相关知识；能够在气瓶上正确安装减压阀附件，连接软管及焊炬、割炬；
　　能够在加工的材料上进行划线；
　　在项目工作过程中了解金属的基本特性，并进行正确的材料选择；
　　能够对钢板和圆钢进行分割；
　　能够掌握焊剂、焊丝的种类和特性；
　　能够对钢板和圆管进行焊接；
　　能够掌握气割（气焊）的相关理论知识；
　　能够在工作过程中自始至终注意必要的安全规范；
　　能够加工简单的工件

教学内容
　　安全教育；
　　气割（气焊）的设备构成；
　　气源的种类、储存与输送的相关知识；
　　划线；
　　气割（气焊）的理论知识；
　　焊剂和焊丝；
　　材料和工具清单；
　　制定工作计划，工序安排；
　　计算制作成本

备注：
　　利用计算机制定工具和材料清单；
　　利用计算机制定工作计划，工序安排；
　　独立完成简单工件的制作

第三学期、第四学期

学习领域 4 管道安装	总计：	360 节课
	实践：	216 节课

教学目的
　　让学生在项目工作过程中正确读识管道安装图；
　　能够绘制单线和双线图；
　　能够绘制管道的平面图和系统图；
　　认识镀锌钢管、铜管及其他管材的规格、种类；
　　能够正确进行镀锌钢管、铜管等不同管材的下料计算；
　　能够对不同管材选择正确的工具进行管道的下料；
　　能够正确使用量具；
　　能够正确使用管道套丝工具；
　　能够对管道进行套丝；
　　能够正确使用弯管工具；
　　能够对铜管进行胀管、45°和90°弯管、元宝弯的制作、开三通等工作；
　　能够正确安装管件；
　　能够正确进行水压试验，并对工件进行评价；
　　能够制定材料和工具清单；
　　能够制定工作计划，工序安排；
　　能够计算制作成本

教学内容
　　绘制单线和双线图；
　　正确进行识图；
　　管道的平面图和系统图；
　　镀锌钢管的种类与规格；
　　镀锌钢管的下料计算；
　　量具的使用；
　　套丝工具的使用；
　　铜管的种类与规格；
　　铜管的下料计算；
　　量具的使用；
　　弯管工具的正确使用；
　　铜管的焊接工艺；
　　铜管的胀管、45°和90°弯管、元宝弯的制作、开三通等工艺；
　　管件安装；
　　水压试验；
　　工件的评价；
　　材料和工具清单；
　　制定工作计划，工序安排；
　　成本核算

备注：
　　在手工制图的基础上能够用计算机进行绘图；
　　利用计算机制定工具和材料清单；
　　利用计算机制定工作计划，工序安排

第三学期

学习领域 5 手工电弧焊	总计：	144 节课
	实践：	72 节课

教学目的
让学生了解电弧焊的基本原理和电弧焊的设备构成；
在项目工作过程中制定安全用电措施；
在工作过程中进行电压（电流）的调整；
能够正确读识图纸；
能够在加工的材料上进行划线；
了解金属的基本特性；
能够掌握电焊条的种类和特性；
能够掌握平焊和立焊工艺；
能够对钢板和圆管进行焊接；
能够掌握必要的安全知识；
能够加工简单的工件

教学内容
电弧焊的设备构成；
电弧焊的基本原理；
基本电气知识；
电压（电流）的调整；
识读图纸；
划线；
金属的基本特性；
电焊条的种类和特性；
平焊和立焊工艺；
对钢板和圆管进行焊接；
安全知识；
加工简单的工件

备注：
在钢板和管道上独立完成平焊和立焊

第五学期、第六学期

学习领域 6 管道安装综合	总计：	**288** 节课
	实践：	**180** 节课

教学目的
  让学生在项目工作过程中正确识读平面图和系统图；
  认识流体力学的基本知识、建筑给水系统和建筑排水系统的相关理论知识；
  能够进行给水管道（铜管、镀锌钢管）的下料计算；
  在工作过程中正确选择管道的连接方式和按规范进行给水管道的连接（螺纹连接、焊接）；
  能够进行排水管道（PVC 和 HDPE）的下料计算；
  在工作过程中正确选择管道的连接方式和按规范进行排水管道（PVC 和 HDPE）的正确连接（粘接、焊接等）；
  能够合理安排工序；
  能够罗列材料和工具清单；
  能够进行正确评价；
  能够进行成本核算

教学内容
  识读平面图和系统图；
  压力、沿程阻力、局部阻力；
  建筑给水系统和建筑排水系统的相关理论知识；
  相关组件的安装；
  给水管道的下料计算；
  给水管道的正确连接；
  排水管道的下料计算；
  排水管道的正确连接；
  工序安排；
  材料和工具清单；
  进行正确评价；
  进行成本核算

备注：
  在手工制图的基础上能够用计算机进行绘图；
  利用计算机制定工具和材料清单；
  利用计算机制定工作计划，工序安排；
  完成 2～3 组工件的安装

第五学期

学习领域 7 供热技术	总计：	108 节课
	实践：	72 节课

教学目的
让学生认识燃油与燃气的种类、储存等基础知识；
认识传热基本理论；
了解散热器的种类与采暖系统的种类；
认识燃油燃气设备的结构；
能够掌握燃油燃气设备各个部件的工作原理；
能够掌握燃油燃气设备安装的基本理论和基本技能；
能够掌握燃油燃气设备的维护、调试、保养等技能；
能够在工作过程中注意安全用电的规范；
能够掌握采暖系统的调试；
能够掌握烟气测量技术；
能够掌握必要的检测仪器、设备的正确使用；
能够掌握采暖（热水）供应系统识图；
能够进行采暖（热水）供应系统的设计；
能够掌握相关的专业计算；
能够掌握相关的环境保护知识；
能够进行必要的成本核算；
能够掌握与人合作、交往的技巧

教学内容
燃油燃气的种类、储存等基础知识；
传热基本理论；
散热器的种类、采暖系统的种类；
散热器的敷设与安装；
地面式采暖系统的种类敷设与安装；
燃油燃气设备的结构；
燃油燃气设备各个部件的工作原理；
燃油燃气设备安装的基本技能；
基本电气知识；
采暖系统的调试；
燃油燃气设备的维护、调试、保养等技能；
烟气测量技术；
其他检测仪器和设备；
采暖（热水）供应系统识图；
采暖（热水）供应系统的设计；
相关的专业计算；
相关的环境保护知识；
成本核算；
与人合作、交往的技巧

备注：
　　以现有的实验设备为基准，学生重点学习燃气热水器、燃油锅炉和壁挂燃气锅炉的结构、原理、维护、保养、调试等内容

第五学期、第六学期

学习领域 8 电工技术与电子技术	总计：	288 节课
	实践：	144 节课

教学目的
  让学生了解电气基本知识；
  了解电气安装中的安全用电规范；
  能够正确选择和使用常用的电工工具；
  能够正确识读照明电路图，并能独立进行照明电路安装；
  能够独立进行水泵、电动机的正确接线；
  能够正确使用电工测量仪表；
  能够判断简单的电气故障并进行排除；
  能够掌握与本专业有关的电工知识技能；
  了解晶体二极管整流电路、晶体三极管放大电路；
  了解反馈电路、正弦波振荡器；
  了解集成运算放大器原理及应用；
  了解功率放大器及直流稳压电源；
  了解逻辑门电路及组合逻辑电路；
  了解传感器的种类与工作原理；
  熟悉照明电路与电子技术；
  专业英语词汇，并能在字典的辅助下阅读专业英语短文

教学内容
  常用电工工具和电工仪表；
  直流电路的组成及基本物理量；
  电路的开路、短路与有载；
  一段电路（无源）欧姆定律，全电路（有源）欧姆定律；
  电路的基本连接方式（串联电路、并联电路、混联电路）；
  单相正弦交流电；
  单一参数的正弦交流电路（纯电阻电路、纯电感电路与纯电容电路）及其基本参数；
  三相交流电路，对称负载和不对称负载电路，三角形和星形负载接法；
  变压器的结构、工作原理和类型；
  绝缘导线的型号和连接方法，电缆线的型号和连接方法；
  电管管材与其他支持材料，绝缘材料；
  安全用电，安全电压，安全电流，额定电流，建筑物和设备的接地和防雷；
  低压供配电系统和供配电设备，低压供配电系统的图例符号；
  电光源的类型和特点，光学基础知识，照度和照度仪，设计规范；
  荧光灯电路的组成和原理；
  照明电路图；
  光照与照明电气的设计；
  建筑物装饰门面照明；
  低压供配电系统的敷设与安装；
  安全事故防护措施；
  二极管的工作原理、基本参数和计算方法，二极管整流电路的构成及参数的测定；
  晶体三极管的结构和工作原理，基本放大电路的组成和特性，基本参数和计算方法；
  多级放大电路的耦合方式及相关概念；
  放大电路中负反馈的作用和种类及判别方法；
  功率放大电路的任务和特点；
  集成运算放大器的应用；
  TTL 与非门电路的工作原理；
  其他 TTL 逻辑门的工作原理；
  传感器的种类与工作原理；
  专业英语短文

备注：
  理论部分主要在《电工基础》、《电子技术》课程中完成，实践部分主要涉及用电安全教育、强电连接、仪表的使用等基本知识

第六学期

学习领域 9 卫生器具的安装	总计：	180 节课
	实践：	144 节课

教学目的
  让学生能够在项目工作过程中正确识读平面图和系统图；
  能够掌握水泵、水表等的原理、参数和安装要求；
  能够在工作过程中注意安全用电的规范；
  能够进行卫生间的系统设计；
  能够熟悉卫生器具的种类；
  了解卫生器具的安装规范和安装尺寸；
  能够进行相关组件的安装；
  能够根据各种管道（镀锌钢管、铜管、复合管、不锈钢管、PVC、PP-R、PE-X、HDPE 等）的性质进行下料计算及管件的预制；
  能够在工作过程中正确选择和安装各种管道（镀锌钢管、铜管、复合管、不锈钢管、PVC、PP-R、PE-X、HDPE 等）；
  能够合理安排工序；
  能够罗列材料和工具清单；
  能够进行正确评价；
  能够进行成本核算；
  熟悉给水排水专业英语词汇，能在字典的辅助下阅读专业英语短文

教学内容
  识读平面图和系统图；
  水泵、水表等的原理、参数和安装要求；
  电气知识；
  进行卫生间的系统设计；
  卫生器具的种类；
  最不利点所需压力；
  卫生器具的安装规范和安装尺寸；
  相关组件的安装；
  管道的种类、规格、下料计算；
  管道的安装训练；
  工序安排；
  材料和工具清单；
  进行正确评价；
  进行成本核算

备注：
  在手工制图的基础上用计算机进行绘图；
  利用计算机制定工具和材料清单；
  利用计算机制定工作计划，工序安排；
  完成 1～2 组卫生间的设计安装

第七学期

学习领域 10 通风空调与制冷技术	总计：	252 节课
	实践：	144 节课

教学目的

让学生认识压缩式制冷、吸收式制冷及喷射式制冷的制冷原理；
掌握热泵的工作原理、特点与使用；
能够进行简单的负荷计算；
能够按通风空调系统施工图确定施工工艺与方法；
能够对设备的故障进行分析、能够对系统进行调试；
掌握相关的环境保护知识；
熟悉制冷专业英语词汇和在字典辅助下阅读专业英语短文

教学内容

压缩式制冷的热力学原理，卡诺循环和逆卡诺循环，识读 lgp-h 图和 T-S 图，了解冷源系统的组成负荷计算；
制冷剂的种类、特性与型号，载冷剂的作用、种类与特性，润滑油；
热泵的工作原理、特点与使用；
设备各个部件的结构，压缩机的种类、型号与特性，节流阀的种类与特点；
系统及其主要设备的安装，制冷剂的充灌，制冷系统安装的验收；
设备安装的安全与事故防护措施，设备的故障分析、系统调试；
简单的设计，按通风空调系统施工图确定施工工艺与方法、选择加工机具；
编制施工技术措施和安全措施，施工质量评定和处理施工质量事故；
环境保护知识；
成本核算；
与人合作、交往的技巧

备注：

根据省及全国技能大赛的要求，安排相关理论教学与实践

第七学期

学习领域 11 建筑安装企业组织管理	总计：	72 节课

教学目的
　　让学生了解建筑安装企业的组织机构、规章制度，施工项目管理的建立与发展、施工项目管理的内容与规范，施工项目管理组织与项目经理的职责；
　　了解施工项目招投标、成本控制、合同管理、技术管理、资源管理与信息管理；
　　了解施工项目安全控制、进度控制与质量控制；
　　能够完成流水施工横道图与简单的网络计划，了解网络计划的时间参数；
　　能够完成一个施工方案的设计；
　　熟悉建筑安装企业组织管理专业英语词汇和阅读专业英语短文

教学内容
　　建筑安装企业的组织机构、规章制度；
　　基本建设程序与建设项目的分类；
　　建筑安装企业的组织机构与职责；
　　施工组织设计的作用、分类与内容；
　　施工流水作业的组织生产方式（顺序施工、平行施工与流水施工）；
　　流水作业的主要参数（施工段数、流水步距、流水节拍、总工期等）和流水施工横道图；
　　施工平面图；
　　网络计划，单代号与双代号，网络图的组成与绘制；
　　网络计划的时间参数与关键路线；
　　施工进度计划，项目施工资源控制、安全控制和质量控制计划及施工档案的管理；
　　建筑安装工程项目招标与投标的方式和步骤；
　　施工项目和企业内部人员的合作与沟通；
　　与其他施工专业的合作与沟通；
　　与设计单位、客户和监理单位的合作与沟通

备注：
　　用计算机编写施工方案及与其他单位的来往公文

第八学期

学习领域 12 建筑安装工程预算	总计：	54 节课

教学目的
　　让学生了解固定资产投资与工程建设的形式，了解建设工程定额的组成；
　　了解建设工程预算的分类与费用；
　　掌握安装工程施工图预算的编制原理，能徒手进行建筑设备专业的施工图预算，了解当地一种施工预算软件，了解工程量清单计价与报价的原理，了解施工预算定额编制原理；
　　熟悉建筑安装工程预算专业英语词汇并能阅读专业英语短文

教学内容
　　固定资产投资与工程建设的形式；
　　建设工程总费用的组成、建筑安装工程费的项目组成、按规定系数（子目系数与综合系数）计算的费用；
　　建设工程定额的组成与工作内容；
　　人工、材料、机械台班消耗定额的确定；
　　建筑安装工程费的取费标准及计算程序；
　　全国与当地安装工程预算定额；
　　施工图预算的编制程序和内容；
　　暖卫工程的工程量计算规则；
　　室内电气照明工程的工程量计算规则；
　　建筑安装施工预算的用途、编制依据、内容及与施工图预算的区别；
　　当地常用预算软件；
　　建筑安装施工预算的编制程序

备注：
　　利用工程图纸进行工料分析，利用预算软件进行施工预算

第八学期

学习领域 13 财会	总计：	36 节课

教学目的
  让学生了解资金时间价值与风险价值；
  了解筹资管理、资金成本和资金结构及项目投资管理，熟悉流动资产管理与利润分配管理；
  能够进行财务预算与财务分析

教学内容
  企业会计岗位、资格、工作内容、权限与会计制度；
  会计要素；
  账户的设置、会计科目及二者的关系；
  单式记账法和复式记账法，借贷记账法；
  会计凭证；
  筹资业务的核算，生产过程的核算；
  财务成果的核算；
  账簿的设置、登记规则与管理；
  财产清查的作用、制度、工作环节和账务处理；
  财务报表（资产负债表、利润表、现金流量表等）；
  不同账务的处理程序；
  统计报表

备注：
  了解企业资金的分配、流向、使用及财务制度

第八学期

学习领域 14 工程测量技术	总计：	36 节课
	实践：	24 节课

教学目的
　　让学生了解工程测量的基本方法；
　　能够正确使用水准仪、经纬仪等常用测量仪器；
　　能够进行正确的数据记录与处理；
　　能够分小组进行相关工程测量；
　　能够完成简单的工程测量项目（如设备定位、就位的测定）；
　　能够获得与就业相关的资格证书

教学内容
　　水准仪水准测量；
　　角度测量经纬仪；
　　距离测量；
　　直线定向；
　　点的坐标确定

备注：
　　具体教学内容根据学校的教学设备和人员配备等情况进行必要的调整

第九学期

学习领域 15 企业实习	总计：	540 节课

教学目的
　　让学生能够在实习指导老师的带领下在企业进行实习；
　　能够将理论学习的内容应用到实践当中；
　　能够利用所学的理论知识解决实践当中存在的问题；
　　能够学会与人合作的基本技能；
　　能够将实习当中存在的问题及时反馈到学校；
　　能够建立与实习企业的关系；
　　为以后的就业奠定基础

教学内容
　　必要的专业实践学习；
　　必要的人际交往；
　　理论联系实践能力的培养；
　　分析问题、解决问题能力的培养；
　　合作意识的培养

备注：
　　必须安排学生到专业对口的企业进行实习，学校相关部门定期进行必要的管理与监督，在学习结束后完成实习报告

第十学期

学习领域 16 复习与考证	总计:	180 节课
	实践:	120 节课

教学目的
    让学生能够对本专业的理论知识和实际工作有一个系统的理解；
    能够独立进行设计与制图；
    能够在老师的帮助下解决实习当中产生的专业问题；
    能够对本专业有一个系统全面的理解；
    能够获得与就业相关的资格证书

教学内容
    专业理论的系统复习；
    专业综合实践的必要训练；
    解决实习存在的专业问题；
    进行相关证书的考核

备注：
    与当地劳动局、行业管理部门及企业协作，成立考试委员会，对学生进行高级工或技师技能的考核